I0425244

Inhaltsverzeichnis

Körpersprache deuten und gezielt einsetzen
Die Körpersprache, Kommunikation und Gestik der Menschen verstehen lernen

Autor – Stella Glückskind

Einleitung

Neben der verbalen Sprache senden wir Menschen noch eine andere Sprache, auch wenn wir uns dessen meistens nicht bewusst sind. Die Rede ist von der sogenannten Körpersprache.

Wer diese richtig deuten und analysieren kann, profitiert von diesen Kenntnissen ungemein. Denn im Gegensatz zum Wort kann der Körper samt seiner Haltung und Mimik nicht lügen. Sicher gibt es Ausnahmen, welche ihre Körpersprache ganz bewusst einsetzen, um ein bestimmtes Ziel zu erreichen. In der Regel jedoch finden die meisten Abläufe hier eher subtil und unbewusst statt.

Doch wie kannst du Körpersprache richtig deuten? Darum geht es in diesem vorliegenden Ratgeber. Du wirst staunen, was es insgesamt für Zeichen der Gestik und Mimik gibt und was sie letztendlich bedeuten. Dabei ist es gleichgültig, ob es um Freunde, Kollegen, Familie oder Partner geht. Du erkennst schließlich ob jemand lügt, auch wenn diese Person nicht gleich rot wird. Die neu gewonnenen Kenntnisse können schließlich genutzt werden, um besser mit seinen Mitmenschen umzugehen und hinter die Fassaden zu blicken. Das eröffnet unter anderem Weitsicht, aber auch Umsicht und Verständnis. Weiterhin geht es um verschiedene Signale in unterschiedlichen Situationen. Dies betrifft zum Beispiel Kontaktsignale, Distanzverhalten, das Abstecken des eigenen Reviers und dergleichen.

Wer die entsprechenden Signale richtig deuten kann, lernt es, sich den jeweiligen Situationen und Personen anzupassen und harmonisch zu agieren oder zu reagieren.

Sicherlich ist dir auch schon aufgefallen, dass es nicht nur darauf ankommt, was eine Person sagt, sondern vor allem auch, _wie_ sie es sagt. Mit welcher Mimik; Gestik und Tonlage. Es ist ungemein interessant, wie sich die vermeintlich verborgenen Emotionen in der Körpersprache wiederspiegeln können. Alleine der Ausdruck der Augen sowie der Augenbrauen sagt dabei viel mehr aus, als die entsprechende Person beabsichtigt. Instinktiv wissen wir Menschen ganz genau, wie wir einen anderen Menschen einschätzen können, doch trauen wir oft unseren Gefühlen nicht mehr, die Welt der Worte scheint schlichtweg zu dominieren. Die Betonung liegt auf „scheint", denn in Wahrheit hat die Körpersprache weit mehr Einfluss, als gemeinhin angenommen. Dies gilt zum Beispiel im Rahmen eines Vorstellungsgespräches oder wenn zwei Menschen sich zueinander hingezogen fühlen.

Während eines Vorstellungsgespräches kann es durchaus sein, dass ein Personalchef sich für einen Kandidaten entscheidet, der zwar weniger gute

Referenzen als der Mitbewerber
aufweist, dafür aber

eine positive Körpersprache mitbringt. Wir Menschen drücken uns dabei nicht nur über die verbale Sprache und die Körpersprache aus, sondern auch über Kleidung und Frisur.

In diesem Ratgeber geht es um Grundregeln, die verschiedenen Signale und wie diese gedeutet werden können. Dabei lässt sich natürlich nicht immer die Motivation oder Ursache des jeweiligen Verhaltens deuten, doch ermöglicht es einen tiefsinnigeren Blick auf eine Person, als nur auf deren Worte zu achten. Zu bedenken sind auch Hintergrundinformationen, aus welcher Kultur die jeweilige Person stammt, welche Erziehung sie genossen hat und welche Erlebnisse sie geprägt haben. Fehldeutungen können also nicht absolut ausgeschlossen werden, dazu ist der Mensch an sich viel zu komplex und vielschichtig. Dennoch gibt es nützliche Anhaltspunkte, deren Berücksichtigung Vorteile bringen kann. Wer sich mit Körpersprache beschäftigt,

kann nicht nur andere Menschen
wesentlich besser einschätzen, sondern
auch selber bewusst auf seine eigene
Körpersprache achten. Dabei geht es in
erster Linie erst einmal um das
Bewusstsein, welche typischen Gesten
und Mimik man eigentlich selber gerne
anwendet, das ist mitunter gar nicht so
einfach.

In der Verkaufspsychologie
beispielsweise geht es genau darum.

Und um sich selber besser einschätzen
zu können, nutzen viele Teilnehmer eine
Kamera und lassen sich während eines
gespielten Gespräches aufnehmen.

Nicht selten ist es so, dass Mimik und
Gestik bereits in frühen Jahren
angeeignet wurden, sei es von den
Eltern, Geschwistern oder Freunden. Die
gewonnenen Kenntnisse sind nicht neu,
werden aber explizit in Worten
ausgedrückt, so dass jeder Mensch
diese Kenntnisse besser erfassen kann.
Im Grunde stellt Körpersprache die
älteste Sprache überhaupt dar und wird
von Menschen aller Herren Länder
ebenso verstanden, wie von unseren
Haustieren und auch von freilebenden
Tieren. Jedes Wesen versteht
beispielsweise unweigerlich, was es
bedeutet, wenn das andere Wesen sich
vor ihm aufbäumt und mit den Zähnen
knirscht. Da bedarf es natürlich keiner
Übersetzung, denn hier geht es
eindeutig darum, das eigene Revier zu
markieren. Doch stehen noch viel mehr,

wesentlich subtilere, Zeichen dieser universellen Sprache zur Verfügung. Wer erst einmal ein gewisses Bewusstsein dafür geschaffen hat, wird in Zukunft gar nicht mehr anders können, als aufmerksam seine Umgebung und seine Mitmenschen zu betrachten. Das Gleiche gilt auch für das eigene Verhalten.

Das kann viele Vorteile bringen, wenn es darum geht, sich im Job zu profilieren oder eine Beziehung so zu führen, dass sie erfüllend ist.

Nicht minder wichtig ist dabei natürlich die verbale Sprache. Besonders effektiv ist, wenn Körpersprache (nonverbal) und verbale Sprache miteinander harmonieren. Experten haben bereits vor langer Zeit herausgefunden, wie sinnvoll es in einem Gespräch ist, auf positive oder auf Ich-Botschaften zu setzen. Selbst wenn dann Kritik geübt wird, kommt diese konstruktiv beim Gegenüber an und die klassische Abwehrhaltung kann somit in den meisten Fällen verhindert werden. Richtige Kommunikation kann dabei durchaus gelernt werden, ebenso wie das bewusste Einsetzen der Körpersprache. Zu berücksichtigen ist, dass unsere Körpersprache auch vielen Reflexen zugrunde liegt, doch können wir es auch lernen, die Reflexe und Impulse zu durchschauen und sie durch andere zu ersetzen. Etwas Geduld und Disziplin sind hier notwendig, lohnen sich aber allemal, um aktiv etwas für den eigenen Erfolg zu tun.

Verschiedene Sportarten oder fernöstliche Techniken wie zum Beispiel Yoga, Tai-Chi oder Kundalini schaffen zudem ein verbessertes Körpergefühl, welches dabei helfen kann, sich seines Körpers bewusster zu sein und Gesten entsprechend positiv einzusetzen.

Körpersprache Hände

Während der Mensch mit seinen Worten spricht, denkt er selten an seine Hände oder an seine Augen, welche ebenfalls eine Sprache sprechen. Dies gilt auch für das Gegenüber. Die meisten Menschen konzentrieren sich eher auf die Worte anstatt auf die Körpersprache. In der Tat ist es auch gar nicht immer so einfach, sich auf beide Aspekte der Sprache der konzentrieren. Menschen beherrschen die Körpersprache bereits als Baby und Kleinkind. Insofern stellt diese Art der Kommunikation die natürlichste und universellste Kommunikation überhaupt dar. Die Natur hat einen guten Grund, dass sie diese Sprache eingesetzt hat, denn auch ohne Worte ist es auf diese Weise möglich, sich verständlich zu machen. Zumindest wenn es um die grundlegenden Dinge im Leben geht. Die Hände sagen besonders viel aus.

Wer wütend ist, ballt zum Beispiel oft die Fäuste und wer einen anderen mahnen möchte, nutzt dabei den gehobenen Zeigefinger. Sicher kennst du diese Gesten selber. Zudem gibt es auch Körperhaltungen, welche unterschiedlich gedeutet werden können. Wer beispielsweise die Arme vor der Brust verschränkt, kann damit Abwehr andeuten. Das muss aber nicht unbedingt so sein. Es kann ebenso gut sein, dass die betreffende Person sich unsicher fühlt. Insofern kann auch ein Gefühl von Unterlegenheit gedeutet werden. Interessant ist, dass die Hände auch zu kommunizieren scheinen, selbst wenn sie kaum in Aktion treten. Behält eine Person die Hände in der Tasche und das während eines Gesprächs, zeigt sie damit ein Gefühl der Überlegenheit, auch wenn es dieser Person gar nicht bewusst ist. Mitunter kann es aber auch sein, dass man einfach nicht so recht weiß, wohin mit seinen Händen und sie deshalb in die Hosentasche steckt. Im Grunde kann die Körpersprache am besten gedeutet werden, wenn Arme, Hände, Augen, Augenbrauen, Beinhaltung und Stimmlage gemeinsam im Kontext betrachtet werden. Wahrscheinlich kennst du auch Personen, welche ihre Arme hinter dem Nacken verschränken. Damit deuten sie an, dass sie sich überlegen fühlen. Vielleicht fühlen sie sich aber auch nur einfach extrem wohl und möchten gerade ihre Glieder strecken. Auch hier gilt es, die anderen Signale des Körpers ebenfalls zu studieren.

Werden die Hände hingegen vor dem Bauch gefaltet, zeigt das eine unterlegene Position. Das gilt auch, wenn die Hände auf dem Rücken gefaltet sind. Es kann aber auch bedeutet, dass dies eine Geste ist, die Schutz symbolisiert. Schwangere Frauen zum Beispiel sind oft mit dieser Handhaltung zu sehen, vor allem im fortgeschrittenen Stadium der Schwangerschaft.

Ohnehin können diverse Körperhaltungen bei Mann und Frau jeweils unterschiedlich gewertet werden, denn die Motivation, welche hinter einer Geste steckt, ist nicht selten eine andere.

Während es bei Männern in der Regel um Status und Konkurrenz geht, deuten Frauen mit ihrer Gestik eher an, dass sie eventuell Schutz und Ruhe benötigen und entsprechend auf sich Acht geben. So wie beispielsweise die gefalteten Hände vor dem Bauch. Auch wenn Frauen gerade kein Kind erwarten, sind sie in der Regel doch harmoniebedürftiger als Männer und wollen ihre Mitte, ihr Gleichgewicht schützen. Die Mitte befindet sich dabei im Bereich des Bauches.

Wer hingegen mit seiner Hand an der Nase reibt, kann damit andeuten, dass er gerade ratlos ist und nicht so recht weiß, wie er sich verhalten soll. Vielleicht grübelt die entsprechende Person auch nach einer Antwort. Dabei ist auf den ersten Blick nicht zu erkennen, ob Grübelei zum Naturell dieses Menschen gehört oder ob es um ein spezifisches Problem geht. Mitunter kann an der Nase reiben auch ein Zeichen dafür sein, dass eine Person nicht die Wahrheit sagt oder gerade eher schüchtern ist. Letztere Optionen könnten möglich sein, wenn ein Erröten des Gesichts damit einhergeht.

Wenn du jemanden siehst, der den Kopf in die Hände stützt, ist das ein Zeichen von Langeweile. Dies gilt nicht nur für Vorgesetzte, sondern auch für Arbeitnehmer, Schüler, Partner und dergleichen.

Die Körpersprache beschränkt sich nicht auf einzelne Berufsstände, sondern wurde jedem Menschen mitgegeben. Wer sich am Kopf kratzt und dabei ein gelangweiltes Gesicht zeigt, bekundet damit ebenfalls seine Langeweile. Noch eindeutiger wird es, wenn das Gegenüber sich auf seinem Stuhl vornüber beugt, so als wolle es aufstehen und kann es sich gerade noch verkneifen. Dann ist es Zeit, ein Gespräch zu beenden.

Manche Psychologen sind der Meinung, dass sich Frauen einsam fühlen, wenn sie mit ihrer Kette spielen oder ihren Schal immer wieder glatt streichen. Es soll ein deutliches Zeichen dafür sein, dass sie sich Zuneigung und Anerkennung wünschen. Das trifft auch auf Männer zu, wenn diese ihre Krawatte glatt streichen. Viele Experten sind sich außerdem darin einig, dass Hände oft genutzt werden, um ein Gefühl der Verlegenheit oder Scham zu kompensieren. Die Herren streichen dabei häufiger über ihren Bart, während die Damen die Hände ringen, während sie sich unterhalten.

Was besonders interessant ist, sind die neusten Erkenntnisse in Bezug auf die Körpersprache allgemein und explizit die Handhaltung. Die Haltung der Finger und Hände hat letztendlich auch Einfluss auf unsere Sprache und unsere Ausstrahlung. Wir können Körperhaltungen also gezielt einsetzen, um Denkprozesse beim Sprechen zu fördern.

Erstaunlich ist dabei vor allem, dass die eigenen Gesten nicht nur aufgrund von Nachahmung angeeignet werden, sondern tatsächlich auch genetisch bedingt sind. Dafür spricht eine durchgeführte Studie, welche an der Universität Chicago erstellt wurde. Hier wurden die Gesten von 12 Kindern studiert. In diesem Zusammenhang ist es wichtig zu wissen, dass diese Kinder blind geboren wurden. Von Nachahmung mittels visueller Reize konnte hier also nicht die Rede sein.

Körpersprache Augen

Die Augen spielen eine besonders wichtige Rolle, wenn es um Körpersprache geht. Nicht umsonst heißt es oft, Augen lügen nicht. Die Augen stellen das Fenster zur Seele dar, heißt es ja immer. Und in der Tat lässt sich am Ausdruck der Augen Einiges erkennen, auch das, was mit den Worten verschwiegen wird.

Das Gleiche gilt für die Augenbrauen. Diese im Zusammenspiel mit den Augen verraten so Einiges über das wahre Innenleben eines Menschen. Das erkennen wir mitunter vor allem an Menschen, welche besonders emotional veranlagt sind. In ihren Augen ist beinahe alles abzulesen. Dabei ist es gleichgültig, ob es um Angst, Neugierde, Freude, Trauer oder Skepsis geht.

Instinktiv fühlen und erkennen wir Menschen, ob es einem anderen Menschen gut geht oder eher nicht.
In Romanen finden sich zum Beispiel Redewendungen wie: „Seine Augen weiteten sich vor Schreck oder Entsetzen". Oder: „Die Augen verengten sich skeptisch zu kleinen Schlitzen".

Manche Menschen weisen ein derart intensives Mimik-Spiel auf, dass es wahrhaft nicht schwierig ist, bei ihnen anhand der Augen abzulesen, wie es ihnen gerade geht und welche Absicht sie verfolgen.
Dann gibt es noch jene Menschen, welche das berühmte Pokerface besitzen. Hier ist es schon nicht mehr so einfach, zu erkunden, wie es ihnen gerade geht und welche Absichten sie verfolgen. Mitunter haben diese Menschen sich auch bewusst mit dem Thema Körpersprache auseinandergesetzt und nutzen diese Kenntnisse, um andere Menschen zu manipulieren oder ein bestimmtes Ziel

umzusetzen. Das kommt zum Beispiel im Vertrieb und in der Finanz- und Versicherungsbranche vor.

Auch du kannst lernen, wie du zum Beispiel dein Mimik-Spiel beherrschst und den Ausdruck deiner Augen. Das Gleiche gilt für die Hände und die gesamte Körperhaltung.

Ein einfaches Beispiel:

Du findest einen anderen Menschen interessant, aus welchen Gründen auch immer. Daher schaust du diesen Menschen etwas länger an. Je nach Veranlagung tust du dies unbewusst oder eher bewusst. Doch die Wirkung ist im Grunde die gleiche. Wenn du unbewusst länger schaust, dann deshalb, weil du vielleicht ergründen möchtest, was genau du so interessant findest. Wenn du aber eher bewusst schaust, dann vielleicht aus dem Grund, weil du ein Signal senden möchtest: Ich schaue dich länger an, weil ich dich interessant finde, das solltest du wissen. Dann kommt es auf das Gegensignal an. Ständig senden wir mit unseren Augen Signale. Egal, ob wir nun einen anderen Menschen interessant finden, keine Lust haben zu arbeiten, inspiriert sind oder einfach nur müde. Die meisten Signale werden sicher eher unbewusst gesendet, doch wenn du dir erst einmal verinnerlicht hast, wie viel Macht die

Körpersprache hat, kannst du sie ebenfalls gezielt einsetzen.

Jemandem direkt in die Augen zu schauen, signalisiert zudem Offenheit. Das kann zum einem zum Beispiel in einem Vorstellungsgespräch sehr gut ankommen. Sicher kommt es letzten Endes auch immer auf den jeweiligen Beruf an, doch Personalchefs sehen es in der Regel gerne, wenn der Bewerber offen, freundlich und ohne Scheu seinem Gegenüber in die Augen sehen kann, statt auf den Boden zu sehen oder unsicher dem Blick des anderen auszuweichen. Dieses Verhalten würde Unsicherheit oder Schüchternheit signalisieren. In Jobs werden Eigeninitiative und Tatkraft aber gerne gesehen.

Wenn du selber Probleme hast, potenziellen Chefs und Vorgesetzten fest in die Augen zu sehen, kannst du dich bei Bedarf auch gewisser Techniken des NLP bedienen. NLP steht dabei für neurolinguistisches Programmieren. Das bedeutet, du kannst bestimmte Situationen mit bestimmten Vorstellungen verknüpfen. Eine Vorstellung, die dir dabei hilft, selbstsicher aufzutreten. Wenn du magst, kannst du dich auch selber aufnehmen und dabei feststellen, wie du auf andere wirkst. Wichtig ist, dass du dir stets verinnerlichst, dass du ein gesundes Selbstbewusstsein hast und offen für Kommunikation bist, dann strahlst du diese Signale auch aus.

Körpersprache Beine (Sitzpositionen)

Im Sitzen sagt der Mensch ebenfalls eine Menge aus, auch ohne überhaupt nur ein Wort zu verlieren. Die Beine an sich senden nonverbale Kommunikation aus, ob wir uns dessen nun bewusst sind oder nicht.

Männer zum Beispiel, welche ihre Beine weit auseinander gestellt haben, senden sexuelles Interesse aus. Das kann ganz allgemein gedeutet werden oder auch speziell. Die Geste deutet Dominanz und in einem bestimmten Ausmaß auch eine gewisse Selbstgefälligkeit an. Ob und wie sie damit bei ihrem Gegenüber ankommen, ist dabei eine andere Sache. Diese Position mit den gespreizten Beinen der Männer nimmt Raum ein, somit zeigen sie der Welt, dass sie Anspruch auf sehr viel Platz im Leben haben. Frauen, die kein Interesse haben, fühlen sich dabei nicht selten unangenehm berührt, instinktiv erahnen sie das die wahre Bedeutung hinter dieser Beinhaltung. Es ist also durchaus sinnvoll, auf den Abstand seiner Knie zu achten, während man sitzt. Achte in Zukunft einfach mal auf die verschiedenen Beinhaltungen beim Sitzen.

Frauen teilen ihr Interesse subtiler mit. Sie nutzen zu diesem Zweck das sogenannte Schuhspiel. Sie lösen einen Schuh leicht von ihrem Fuß, lassen ihn baumeln und stecken ihn dann wieder zurück auf den Fuß. Das wiederholen sie dann immer wieder. Männer fühlen sich unbewusst von diesem Verhalten angezogen, weil diese wiederholte Tätigkeit sie in gewisser Hinsicht an den Geschlechtsverkehr erinnert.

Sicher ist dir auch schon oft aufgefallen, wie üblich es ist, das eine Bein über das andere zu schlagen. Vor allem Frauen bedienen sich dieser Beinhaltung, sie schlagen die Beine dabei sehr dicht übereinander.

Wenn Männer die Beine übereinander schlagen, dann lassen sie mehr Raum zwischen ihren Beinen. Dieser Unterschied deutet im Groben an, dass Frauen in der Regel generell zurückhaltender veranlagt sind. Ihnen ist oft auch wichtiger, was die Mitmenschen von ihnen denken.

Die Beine häufig kreuzen und entkreuzen kann genutzt werden, um Aufmerksamkeit zu erregen. Das gilt ebenfalls, wenn die Beine der Frau übereinandergeschlagen sind und dann wird ein Bein dieser Person in die Länge gestreckt. So werden die Muskeln gezeigt und das Bein effektvoll in Szene gesetzt. Männer nutzen hingegen die 4-formige Sitzposition, wenn sie die Beine übereinaderschlagen. Das ist bequemer und liegt ihnen daher eher im Blut. Diese Position ist typisch für Männer, teilweise weisen auch Frauen diese Beinhaltung auf und signalisieren damit, dass sie sich durchsetzen können, wenn es darauf ankommt.

Weißt du, wie du in der Regel deine Beine setzt? Achte einmal bewusst darauf und wenn du magst, kannst du auch gerne mal ein wenig experimentieren und verschiedene Beinstellungen einnehmen.

Wer beide Füße auf den Boden stellt, lässt in der Regel einen gewissen Abstand zwischen den Beinen. Diese Haltung stellt eine natürliche Position dar.

Die betreffende Person sagt damit Neutralität aus und zeigt Erdverbundenheit. Wenn du ein sachliches Gespräch führen möchtest, eignet sich diese Art der Beinhaltung besonders, weil der Fokus hier dann tatsächlich auf die gesprochenen Worte gelegt werden kann.

Für Frauen ist dies oft ungewohnt, weil sie in der Regel die Beine übereinaderschlagen. Früher hing das damit zusammen, weil eine andere Haltung sich für Damen nicht schickte, schon alleine wegen der Kleidung. Diese Haltung wurde dabei übernommen, auch wenn die Damen heutzutage nicht mehr hauptsächlich Röcke und Kleider tragen.

Nun können die Füße nicht nur übereinandergeschlagen oder nebeneinander auf den Boden gestellt werden. Weiterhin können die Beine nebeneinander, aber die Füße verschränkt sein. Mitunter können die Fußgelenke auch um die Stuhlbeine gewickelt sein. Es kann damit angedeutet werden, dass die betreffende Person sich selber zügeln möchte. Das Gleiche gilt für eventuell unterdrückte Gefühle. Hier kann es beispielsweise um Frustration, Trauer, Ärger oder dergleichen gehen. Auch unbewusste Angst oder Unsicherheit kann der Grund für diese Beinstellung sein.

Die Motive für diese besondere Art der Beinhaltung sind mannigfaltig.

Es kann auch darauf hinweisen, dass die oder der Betreffende recht verschlossen ist. Nicht selten werden dazu noch die Hände auf den Schoß gelegt, ebenfalls über Kreuz. Oft wird diese Haltung auch im Zug oder in der U-Bahn eingenommen, um sich instinktiv zu schützen.

Die Knie zusammenzuhalten, kann ebenfalls auf Verschlossenheit deuten, wobei hier auch wieder zwischen Männern und Frauen zu unterscheiden ist. Frauen waren in der Vergangenheit aufgrund ihrer Kleidung und vorherrschender Etikette darauf angewiesen diese Körperhaltung einzunehmen,. Daher kann es sich bei den Damen auch um Gewohnheit, Erziehung oder schlichtweg pure Eleganz handeln. Hingegen bei Männern ist dies nicht der Fall, daher ist diese Haltung bei ihnen kaum zu sehen. Denn selbst wer unsicher ist, zeigt dies in den wenigsten Fällen derart offensichtlich.

Eine weitere Haltung, welche recht aussagekräftig ist, ist jene, die den Schritt bedeckt. Während einige Experten sich hier einig sind, dass damit Schüchternheit und geringe Selbstsicherheit angedeutet wird, sagen andere, es kann auch schlichtweg Desinteresse oder Anstand signalisieren. Es ist also gar nicht immer so einfach, hundert Prozent genau zu bestimmen, was die Körperhaltung eines Menschen aussagt. Je komplexer eine Person betrachtet wird, umso genauer wird das Ergebnis sein, denn zu der Beinhaltung kommen ja noch die Hände und Augen.

Wer die Beine von sich gestreckt hält, fühlt sich in der Regel wohl und ist entspannt. Diese Beinhaltung tritt vor allem in den eigenen vier Wänden auf, denn hier gelten keine Etikette und Anstandsregeln.

Körperhaltung im Beruf

In einem Vorstellungsgespräch zum Beispiel entscheiden viele Personalchefs nicht unbedingt nach den Zeugnissen, ob Sie jemanden einstellen oder nicht, sondern sie gehen mitunter auch nach ihrem Bauchgefühl. Sozusagen nach ihrem Instinkt. Das bedeutet, in dem Fall ist die eigene Körperhaltung besonders wichtig. Dabei ist es gleichgültig, ob der Personalchef bewusst oder unbewusst auf bestimmte Details achtet. Du wirkst in jedem Fall und hast eine gewisse Ausstrahlung. Nun liegt es an dir, ob du dein Naturell offen und authentisch zur Schau stellst oder den Fokus auf bestimmte Eigenschaften legst. Beispielweise bewirbst du dich für eine Stelle in einer führenden Position. Wenn dein Naturell eher etwas schüchtern und zurückhaltend ist, kann es von Vorteil sein, wenn du deine Körperhaltung trainierst. Sicherlich hast du klasse Referenzen und hast dir die passenden Worte bereits zurechtgelegt. Zu bedenken gilt es aber, dass der Körper eine eigene Sprache spricht.

Wer sich also um eine Führungsposition bewirbt, sollte darauf achten, festen Blickkontakt und die Hände ruhig zu halten. Das vermittelt Selbstsicherheit und Ruhe. Sicher kommen diese Aspekte auch zum Tragen, wenn es um einen Job geht, welcher keine Führungsqualitäten verlangt, doch schaden kann es nie, ein bestimmtes Maß an Selbstsicherheit zu signalisieren. Immerhin erwarten die meisten Arbeitgeber, dass eigenständig gehandelt wird bezüglich der täglich anfallenden beruflichen

Herausforderungen. Im weitesten Sinne gehört die Kleidung ebenfalls zum Körper und signalisiert damit ihre ganz eigene Sprache. Ein Blazer sowie generell konservative Kleidung deuten auf Verlässlichkeit und solides Auftreten. Das kann in entsprechenden Bank- und Finanzberufen sehr gut ankommen. Geht es hingegen um kreative Berufe, darf das Outfit sicher auch lockerer und bunter ausfallen. Es kommt eben immer auf den Kontext an. Wo du dich bewerben möchtest und auch für was.

Auf zu viel Schmuck und Parfüm sollte weitgehend verzichtet werden, denn das steht im Allgemeinen für Unsicherheit. Die betreffende Person scheint mit zu viel Duft und Geschmeide etwaige Schwächen übertünchen zu wollen. In Maßen eingesetzt wiederum zeigt es, dass du auf dich achtest und dir selber was Wert bist. Das richtige Maß macht es also definitiv aus. Das Gleiche gilt, wenn es um Selbstbewusstsein geht.

Sicher kommt ein gewisses Selbstbewusstsein gut an, vor allem in führenden Positionen. Zuviel des Guten kann dann aber auch wieder direkt ins Gegenteil umschlagen, denn zu bedenken gilt, dass auch Aspekte wie Teamfähigkeit und Empathie erwartet werden. Zudem kann ein zu selbstsicheres Auftreten auch abstoßend wirken. Denn trotz aller Qualifikationen und Selbstvertrauen geht es insgesamt immer noch um Menschen. In der Regel ist es sinnvoll, authentisch zu sein. Dass du dich dabei nicht benimmst, als seist du bei Freunden zum Essen eingeladen, dürfte hierbei selbstverständlich sein.

Wenn du zum Beispiel ein wenig Aufregung während eines Vorstellungsgesprächs zeigst, indem du etwas rot wirst, braucht dir das auf keinen Fall peinlich sein. Es kann durchaus sympathisch auf deinen potenziellen Arbeitgeber wirken, denn es zeigt ihm deine Menschlichkeit. Was deine Kleidung betrifft, ist es zudem noch sehr wichtig, dass du dich wohl darin fühlst, sonst kann das Outfit sehr schnell wie eine Verkleidung wirken. Selbst wenn es gilt, sich schick zu machen, kannst du auf allzu steife Garderobe besser verzichten, wenn du dich darin extrem unwohl fühlst.

Bezüglich deiner Körperhaltung solltest du auf jeden Fall darauf achten, gerade zu sitzen, denn eine gebückte Haltung kann Schlampigkeit, Müdigkeit oder Desinteresse signalisieren. Wenn du magst, kannst du zu Hause üben, samt Outfit und Kamera.

Schließlich kannst du einen Freund oder eine Freundin fragen, was sie davon hält.

Es gibt spezielle Kurse zum Bewerbungstraining, in denen geht es unter anderem auch um Körperhaltung. Mit Hilfe einer Kamera filmen sich die Teilnehmer und geben anschließend ein ehrliches Feedback.

Negative Körperhaltungen

Wer im Gespräch oder generell einen guten Eindruck machen möchte, kann bewusst auf seine Körperhaltung achten. Das bedeutet, bestimmte Haltungen bevorzugt einzunehmen, während andere Gesten eher vermieden werden sollten. Dabei ist es gleichgültig, ob es beispielsweise um Bewerbungsgespräche, Dates oder dergleichen geht. Vermieden werden sollte dabei, Gegenstände direkt vor den Körper zu halten, denn diese Geste signalisiert Abwehrhaltung. Weder bei einem Bewerbungsgespräch noch bei einem Date kommt diese Geste besonders gut an, denn es scheint, als hätte die betreffende Person etwas zu verbergen. Wer seinen Kaffee, seine Tasche oder einen anderen Gegenstand unmittelbar vor seinen Bauch hält, wirkt auf sein Gegenüber so, als wollte er nicht wirklich etwas mit dem anderen zu tun haben wollen. Ebenfalls nicht zu empfehlen ist es, während einer Unterhaltung auf die Uhr zu schauen. Auch wenn dies nicht bewusst geschieht, kann es den Eindruck vermitteln, dass du dich langweilst. Ob das so ist, oder du einfach unsicher bist bzw. vielleicht wirklich nur die Uhrzeit wissen möchtest, sei erstmal dahingestellt. Fakt ist, dass diese Geste nicht vorteilhaft ist.

Das Gleiche gilt dabei für den Blick auf das Handy. Alles scheint dann gerade interessanter als das aktuelle Gespräch. Da der Mensch ein Gewohnheitstier ist und wir Menschen hier auch von der Macht der Gewohnheit sprechen, kann es natürlich vorkommen, dass die Gesten einfach so ausgeführt werden, weil wir vergessen, dass sie nicht gut ankommen. Wichtig ist aber, gewisse Impulse schlichtweg unterdrücken zu können. Sicher gelingt das nicht von heute auf morgen, daher kannst du in deinem Alltag darauf achten, welche Impulse, Gesten und Körperhaltungen du generell einnimmst. Dies kannst du dann als Training nutzen für die Momente, wo es dann wirklich darauf ankommt.

Manchmal lässt es sich wirklich nicht vermeiden, auf die Uhr zu sehen, weil du noch zu einem anderen Termin musst. Statt dann aber auf die Uhr zu sehen, kommt es besser an, wenn du das deinem Gegenüber direkt sagst. Dann kann das Gegenüber ausschließen, dass du dich langweilst, denn dieser Gedanke stößt sicher ungleich mehr auf, als wenn noch ein anderer Termin ansteht. Du kannst dich höflich entschuldigen, dass du jetzt aufbrechen musst.

Das wird jeder verstehen und nicht persönlich nehmen.

Eine weitere Geste kann in einem Gespräch irritierend wirken, nämlich Krümel oder Flusen wegzuwischen. Ob diese Flusen dabei tatsächlich existieren oder imaginär sind, ist in diesem Zusammenhang nicht so wichtig. Diese Marotte wirkt ebenfalls so, als sei das Gespräch langweilig und daher sei es für dich nicht wichtig, aufmerksam zuzuhören. Verspürst du also den Drang, ständig Fussel entfernen zu wollen, konzentriere dich einfach bewusst auf die Worte und die Augen deines Gegenübers. Gib ihm zu verstehen, dass du voll und ganz präsent bist.

Es kommt auch sehr gut an, wenn du hier und da eine sinnvolle Zwischenfrage stellst. Einige Menschen neigen zudem dazu, sich ihr Kinn zu streicheln, wenn sie nachdenken. Mitunter tun sie das auch einfach nur so, doch sieht es hier so aus, als ob du sehr skeptisch bist und deinem Gegenüber nicht glaubst oder seine Aussagen in Frage stellst. Diese Geste ist zwar nicht grundlegend als negativ zu bewerten, kann dein Gegenüber aber verunsichern. Daher besser darauf verzichten!

Wer seine Hände soweit bewusst im Griff hat, sollte zudem noch auf seine Blickrichtung achten. Hier und da kann es vorkommen, dass der Blick nach unten oder in eine andere Richtung gerichtet ist.

Besser ist es also, Blickkontakt zu halten. Signalisiere, dass du voll und ganz auf dein Gegenüber eingestellt bist. Sein Gesicht zu berühren kann unter Umständen auch zerstreut oder unsicher wirken.

Generell wirken verschiedene Gesten tatsächlich so, als wolle man die eigene Unsicherheit dadurch kompensieren. Sollte es dir auch so gehen, kannst du dich am besten auf deinen Atem konzentrieren und souverän dem Gesprächsverlauf folgen. Verinnerliche, dass es keinen Grund gibt, unsicher zu sein, weder bei einem Bewerbungsgespräch noch bei einem Date. Sei dir deines Wertes bewusst und dann strahlst du das auch aus: Ein gesundes Selbstbewusstsein.

Sich demonstrativ von jemandem weg zu lehnen, kann übrigens davon zeugen, dass du die Person, mit welcher du im Gespräch bist, nicht magst. Achte also auch auf deine Sitzhaltung und versuche, eine möglichst gerade Position einzunehmen. Sicher kommt es im Rahmen eines Vorstellungsgesprächs oder eines Dates nicht so gut, wenn du zu wenig Selbstbewusstsein demonstrierst. Auf der anderen Seite kann es aber auch negativ bewertet werden, wenn du zu selbstsicher auftrittst. Dies würdest zum Beispiel signalisieren, wenn du beide Arme hinter dem Kopf verschränkst. Widerstehe also auch diesem Drang, wenn du ihn denn verspürst.

Wichtig ist, dass du nicht nur direkten Augenkontakt hältst, sondern deinen gesamten Körper in Richtung deines Gegenübers positionierst.

Viele Menschen finden es oft bequem, die Arme vor der Brust zu kreuzen. Vielleicht gehörst du auch dazu. Bedenke aber, dass das auch so gedeutet werden kann, als ob du dich deinem Gegenüber bewusst versperrst. Zuhause hingegen spricht natürlich nichts dagegen. Diese Geste erscheint vielen Menschen sogar selbstgefällig und egoistisch. Im Großen und Ganzen ist es dabei immer wieder interessant, wie weit Selbstwahrnehmung und Fremdwahrnehmung auseinanderdriften.

Wenn du dich am Hals kratzt oder am Kopf, scheint es so, als wärst du unsicher und würdest zweifeln. Das Gleiche gilt, wenn du mit deinem Hemdkragen spielst, mit deiner Kette, dem Stift oder dergleichen. Die Hände sollten also definitiv ruhig verweilen.

Wenn du diese Regel als Hauptregel verinnerlichst, wirst du dich nicht kratzen, nicht im Gesicht streichen oder mit keinen Gegenständen spielen. Zum Abschluss kannst du dir noch merken, deinen Kopf nicht mit den Händen zu stützen. Diese Geste signalisiert sehr stark Langeweile, Schwäche oder Desinteresse. Vielleicht kennst du diese Haltung noch aus der Schulzeit. Meistens wurde diese eingenommen, wenn ein Fach oder der Lehrer besonders langweilig daherkam.

Diese Geste sollte also unbedingt vermieden werden, wenn ein guter und aufmerksamer Eindruck von der eigenen Person entstehen soll.

Die vorgestellten Aspekte der Körpersprache können als negativ betrachtet werden, weil sie in der Regel den Gesprächspartner verunsichern, reizen oder ärgern.

An sich ist natürlich keine dieser Gesten negativ, doch geht es um den Kontext und darum, im Rahmen eines Vorstellungsgesprächs oder eines Dates einen guten Eindruck zu hinterlassen. Gerade Personen, welche einem nicht bekannt sind, halten die Zeichen der Körpersprache sehr schnell für das eigene Naturell, auch wenn das so gar nicht stimmen mag. Es lohnt sich also definitiv, wenn du etwas Zeit und Mühe investierst und dich entsprechend auf ein wichtiges Treffen vorbereitest.

In diesem Zusammenhang spielt auch das Thema Achtsamkeit eine wichtige Rolle. Denn sehr interessant sind neueste Studien, aus denen hervorgeht, dass Bewusstsein die eigene Haltung beeinflussen kann, und eine aufrechte, offene und positive Haltung wiederum das Bewusstsein konstruktiv beeinflussen kann. Im Grunde also eine Wechselwirkung.

Hier gilt es, eigene Gewohnheiten unter die Lupe zu nehmen und sich selber zu fragen, ob diese nicht durch effektivere Körperhaltungen ausgetauscht werden können. Damit du dies nicht vergisst, kannst du Spickzettel nutzen, zum Beispiel mit der Aufschrift: *Gerade sitzen*.

Der Einfluss der Körperhaltung auf die Körpersprache

In den vergangenen Kapiteln hast du nun so Einiges über die Körpersprache gelernt. Darüber, was Augen, Hände und die Beinstellung über einen Menschen verraten können. Dabei wurde auch immer wieder erwähnt, wie wichtig Bewusstsein und Gefühle für die Körperhaltung sind. Doch besonders spannend ist es ebenso, wie sehr die Körperhaltung Einfluss auf deine Gedanken und deine Gefühle nehmen kann.

Nehmen wir einmal an, du hast einen Tag erwischt, an dem du nicht gerade selbstbewusst bist. Beispielsweise hast du einen Termin für ein Date oder ein Vorstellungsgespräch und bist gerade heute etwas unsicher. Wenn du in diesem Augenblick die Schultern straffst,

den Kopf in den Nacken wirfst und die
Nase ein wenig in die Höhe streckst,
wirst du sicher spüren, wie sich deine
Gefühlslage sofort positiv verändert. Ein
Gefühl von Selbstbewusstsein stellt sich
ein, ein Gefühl von Stolz und der
Gewissheit, dass du einfach gut bist.
Sonst würdest du dir nicht diesen
Ratgeber durchlesen, um dich zu bilden
und zu lernen.

Kleidung und Frisur gehören im Übrigen
zum Körper, zumindest weitgehend.

Daher ist es so wichtig, sich nicht nur in seinem Körper selber wohl zu fühlen, sondern auch in seiner Kleidung. Schöne Kleidung muss dabei überhaupt nicht teuer sein, wenn du regelmäßig Ausschau nach Schnäppchen hältst, wirst du definitiv fündig. Sicher kennst du auch das folgende Sprichwort: "Kleide dich nicht für den Job, den du hast, sondern für den, den du willst." Dieser Spruch enthält sehr komprimiert eine essenzielle Wahrheit, nämlich die Macht des Unterbewusstseins. Tu einfach so, als ob!

Das raten immer mehr Verhaltensforscher und Coachs, egal ob du auf der Suche nach einer neuen Wohnung, einem interessanten Job oder einen neuen Partner bist. Tu so, als wärst du schon erfolgreich gewesen und benimm dich entsprechend. Du wirst merken, wie sich deine Schultern nun automatisch straffen und deine Augen selbstbewusst in die Ferne blicken. Deine Gefühle bestimmen deine Körperhaltung und deine Körperhaltung deine Gefühle. Körper und Geist stellen eine sinnvolle und schöpferische Symbiose in unserem Leben dar. Mache dir die Naturgesetze zu Eigen und profitiere davon.

Vielleicht legst du das nächste Wochenende direkt eine Shoppingtour ein und kaufst dir ein tolles Outfit, welches deine neue aufrechte Körperhaltung besonders zur Geltung bringt. Wenn du magst, kann du dann ein wenig üben und experimentieren.

Du kannst daten, wen du möchtest, ohne gleich ans Heiraten zu denken, denn wenn du erstmal locker an die Sache gehst, hast du auch eine entspannte Körperhaltung und du hast zudem noch Spaß an der Suche. Ganz nach dem Motto, dass der Weg eben auch ein Stück vom Ziel ist.

Das Gleiche gilt für die Jobsuche. Damit du in Zukunft routinierter bist, was eine positive Körperhaltung anbelangt, kannst du dich auch erstmal auf Jobs bewerben, welche dir nicht all zu wichtig sind. Das hat den Vorteil, dass du Übung gewinnst im Gespräch mit deinem Gegenüber und sehen kannst, wie du ankommst. Mit der Zeit wirst du so souverän sein, dass es deine Gesprächspartner spüren. Nicht nur an deinen Worten, sondern eben auch an deiner Körperhaltung. Irgendwann stellt sich einfach ein gewisser Automatismus ein. Du musst dann gar nicht mehr so extrem auf deine Hände, Füße und Augen achten, denn wenn du erst mal selbstbewusst und locker bist, strahlst du das auch aus und du kannst damit bei deinem Gegenüber punkten. Du wirst wirklich selber merken, wie du von Gespräch zu Gespräch erfolgreicher und gleichzeitig gelassener wirst. Probiere es einfach aus, schließlich hast du nichts zu verlieren.

Wenn es mal nicht so gut gelaufen ist, macht das gar nichts. Dann streckst du einfach wieder deine Schultern, steckst die Nase in den Wind und kannst stolz auf dich sein, dass du es überhaupt versucht hast und an dir arbeitest. Belohne dich mit einem hübschen Outfit oder einem entspannten Wochenende. Denn wer bewusst an sich arbeitet und Mühe investiert, darf zum Ausgleich auch entsprechend genießen.

Wenn du magst, kannst du dir auch eine Muse suchen, die dich inspiriert. Auch hier wirst du merken, wie das deine Körperhaltung und Körpersprache beeinflussen kann. Dabei ist es gleichgültig, ob es sich bei deiner Muse um jemanden aus der Familie oder aus dem Bekanntenkreis handelt. Auch Schauspieler, Sänger oder andere Stars können dich inspirieren. Jeder erfolgreiche Mensch hat mindestens eine Muse und ist zudem dankbar, sich im Leben immer wieder behaupten zu dürfen. Wie oft du dabei hinfällst oder stolpern magst, ist egal, wichtig ist nur, dass du dann nach einer Pause auch wirklich wieder weiter machst.

So ähnlich verhält es sich auch mit deiner gesamten Körperhaltung. Gerade am Anfang, wenn du darin noch nicht so geübt bist, wird dir auffallen, wie alte Gewohnheiten immer wieder durchkommen. Da hilft nur eins, nämlich hartnäckig entgegenwirken. Fällst du beispielsweise immer wieder in einen Hohlrücken zurück, musst du dich selber entsprechend oft daran erinnern, dich wieder gerade hinzusetzen. Am Anfang mag das unbequem sein, doch schon nach wenigen Tagen hat der Körper sich daran gewöhnt. Sport und Rücken-Gymnastik unterstützen zudem eine gerade Körperhaltung. Das ist nicht nur gesund, sondern sieht auch gesund aus und strahlt Stärke und Selbstbewusstsein aus.

Körperhaltung in der Meditation

Wer an seiner Körperhaltung und Körpersprache arbeiten und zudem entspannte Mußestunden in seinen Alltag einbauen möchte, kann sich bewusst für Sitzhaltungen entscheiden, welche entspannen. Hier geht es vor allem um einen geraden Rücken, diesmal nicht, weil diese Haltung Selbstbewusstsein ausstrahlt, sondern damit die Energien frei fließen können. Statt dich darauf zu konzentrieren, wie dein Gegenüber deine Haltung aufnehmen wird, kannst du dich im Rahmen der Meditation bezüglich deiner Körperhaltung und insbesondere Sitzposition ganz auf dich und dein Körpergefühl konzentrieren. Doch es geht um mehr als nur um eine aufrechte Haltung. Sicher fragst du dich, welches die perfekte Sitzhaltung für dich ist. Um dies korrekt beantworten zu können, ist es wichtig, verschiedene Sitzpositionen auszuprobieren und zu testen, welche auch noch nach 15 Minuten bequem sind.

Innere Unruhe hat dabei nichts mit einer falschen Körperhaltung zu tun, sondern eher mit der emotionalen Verfassung. Wir Menschen haben in der Regel schlichtweg verlernt, einfach nur dazusitzen und zufrieden zu sein. In Europa ist es Sitte, auf Stühlen oder auf der Couch zu sitzen. In vielen anderen Ländern hingegen sitzen die Menschen auf dem Boden, mit gekreuzten Beinen. Alleine dieses Beispiel zeigt, wie sehr Körperhaltung und Körpersprache mitunter auch von der jeweiligen Kultur abhängt. Das Gleiche trifft auf den direkten Blick in die Augen eines anderen Menschen zu. In Europa gilt dies als selbstbewusst und offen, doch in Asien ist es nicht selten eher ein Zeichen von Respektlosigkeit oder unangebrachter Offenheit. Hier ist Bescheidenheit eine Zierde. Wer also ein Bewerbungsgespräch mit internationalen Geschäftspartnern hat, kann diese Tatsache entsprechend für sich beachten und nutzen.

Zurück zur Körperhaltung, welche zu Hause eingenommen wird.
Wird schon in der Öffentlichkeit meist nicht bewusst auf die eigene Haltung geachtet, dann erst recht nicht in den eigenen vier Wänden. Wer aber seinen Körper besser kennenlernen und seine Energien bewusst wahrnehmen möchte, kann auch zuhause auf seine Körperhaltung achten.

Zu diesem Zweck eignet sich die Meditation besonders gut.

Wenn du dich auf deine Meditation vorbereitest, ist es wichtig, für Ruhe zu sorgen. Nimm dir am besten nicht zu viel vor und entscheide dich zu Anfang erst mal für eine Dauer von etwa 15 Minuten. Das hört sich nicht viel an, aber wer regelmäßig meditiert, weiß, dass 15 Minuten manchmal sehr lang sein können.

Wenn du magst, nimmst du ein Kissen oder eine Matte und setzt dich auf den Boden. Du wirst schnell spüren, dass du hier ganz andere Energien zu spüren bekommst, als wenn du auf der Couch oder auf einem Stuhl sitzt.
Besonders effektiv ist die Meditation, wenn du sie regelmäßig machst, z. B. eine halbe Stunde vor dem Schlafen gehen. Es ist ohnehin nicht so gut, direkt vom Fernseher aus ins Bett zu gehen. Die unruhigen Schwingungen werden dann mitgenommen in den Schlaf

wodurch Körper und Geist nicht so tiefenentspannt zur Ruhe kommen, wie es eigentlich von der Natur vorgesehen ist. Zudem können die eigenen inneren Bilder mindestens genauso spannend sein wie das Fernsehprogramm.

Gekreuzte Beine und ein aufrechter Rücken sorgen dafür, dass deine Energien frei fließen können. Solltest du etwaige Blockaden spüren, kannst du visualisieren, wie diese nach und nach freigespült werden.
Gerade am Anfang ist das gar nicht so einfach, doch nach einiger Zeit stellt sich auch hier eine gewisse Routine ein. Zudem kannst du die Verbindung zur Erde spüren, auch wenn du nicht im Erdgeschoss wohnst. Stelle dir einfach eine Linie vor, welche von deinem Bauchnabel bis tief in die Erde reicht, so kannst du dich erden und wirst deutlich entspannter.

Falls du Rückenprobleme hast, hilft es dir vielleicht, wenn du deinen Rücken an eine Wand lehnst. Viele Meditationsexperten geben ganz genaue Anweisungen bezüglich der Handposition und Fingerhaltung. Hier darf man aber nicht vergessen, dass viele Überlieferungen aus dem alten Asien kommen und nicht eins zu eins übernommen werden müssen, denn wir leben zum einen in der Moderne und zu anderen im Westen.

Wichtig ist dennoch, dass du ein Gespür für deine Hände bekommst, ein Bewusstsein für jeden einzelnen Finger. Viele Meditierende empfinden es als angenehm, wenn ihre Hände auf ihrem Schoß ruhen. Es gibt die bekannte Fingerstellung, welche zeigt, wie die Fingerspitzen jeweils den Daumen berühren. Du kannst es gerne ausprobieren, wie der Fluss der Energien sich dann für dich anfühlt. Effektiv ist auch, nicht unmittelbar vor der Meditation zu trinken oder zu essen, denn das könnte dich von einer erholsamen Entspannungsphase ablenken.

Dann setzt du dich mit gekreuzten Beinen und aufrechtem Rücken auf dein Kissen oder deine Matte. Deine Schultern sollten ganz entspannt sein und wenn es dir hilft, kannst du dich auf deine Atmung konzentrieren. Es kann nun sein, dass du ein Ziehen in den Knien spürst oder generell ein Unwohlsein. Nicht selten kommt das daher, weil wir es zum einen nicht gewohnt sind, auf dem Boden zu sitzen und zum anderen, weil wir nun bewusst in uns hineinhorchen und nicht vom Fernsehprogramm, einem Buch oder einem Gespräch abgelenkt sind. Versuche, kleine Zipperlein während dieser Minuten hinzunehmen und dich auf deine Atmung und die Freispülung deiner Energiebahnen zu konzentrieren.

Wie heißt es so schön? Aller Anfang ist schwer, das gilt auch für die Meditation und vor allem auch für eine bewusste Körperhaltung und Körpersprache. Wenn du aber regelmäßig meditierst, kannst du bereits nach einigen Wochen merken, wie sich deine Körperhaltung auch im Alltag zum Positiven verändert. Davon profitieren letztendlich nicht nur deine Ausstrahlung und Charisma in Beruf und Beziehungen, sondern auch deine ganz persönliche Lebensqualität. So kannst du im Grunde gleich mehrere Fliegen mit einer Klappe schlagen. Erfahrene Yogis und Meditierende verharren über eine Stunde in der gleichen Position. Das solltest du dir aber nicht zum Ziel nehmen, denn wir Menschen im Westen leben einen ganz anderen

Lifestyle und für uns ist es viel schwieriger, so lange Zeit in einer Position zu bleiben.

15 Minuten reichen vollkommen aus und wenn du magst, kannst du auch die Position in dieser Zeit ändern, denn zur Qual muss deine Entspannungsphase nicht werden. Eine Herausforderung ja, eine Qual ganz sicher nicht!

Viele Meditierende haben zum Beispiel die Erfahrung gemacht, dass sie besser zur Ruhe kommen, nachdem sie Sport gemacht haben oder eine Runde spazieren gegangen sind. Von null auf hundert auf Entspannung zu kommen, ist dabei nicht machbar, daher kannst du quasi stufenweise und damit wesentlich effektiver und angenehmer abschalten.

Je nach Affinität kannst du während deiner Meditation auf die Stille lauschen, auf deinen Atem oder eine geführte Meditation absolvieren. Im Netz gibt es zahlreiche Vorlagen, welche kostenlos angehört werden können. Für jeden

Geschmack gibt es hier das Richtige, egal ob du am liebsten Geräusche der Brandung bevorzugst, das prasseln von Feuer, Vogelstimmen oder effektvolle Geräusche nach Hemi Sync Art. Diese Methode wurde von Robert Monroe erfunden und soll für eine Harmonisierung beider Gehirnhälften sorgen. Die Gehirnwellen werden dann quasi in einen Zustand versetzt, den Wissenschaftler auch bei tibetischen Mönchen ermitteln konnten, während diese sich in tiefenentspannter Meditation befanden.

Für welche Methode du dich auch entscheidest, es sollte dir Entspannung bringen und einen echten Mehrwert für den Alltag.

Vielleicht nimmst du auch selber ein Band auf mit einer von dir erstellten Meditation. Deiner Fantasie sind dabei keine Grenzen gesetzt und du selber weißt sicher am besten, was dich am ehesten entspannt und welche Worte dir dabei gut tun.

Körpersprache in anderen Kulturen

Im Grunde gilt die Körpersprache als eine universelle Sprache. Dies betrifft aber vor allem jene Gesten und Positionen, welche unbewusst ausgeführt werden. Daneben gibt es aber auch noch symbolische Gesten wie zum Beispiel das Victory Zeichen oder die Geste mit dem Daumen nach oben. Diese Gesten werden in jeder Kultur unterschiedlich gedeutet, und nicht immer werden sie als positiv betrachtet. Wenn du dich also in einem fremden Land aufhältst, solltest du dies bedenken und dich am besten im Vorfeld informieren. Ganz nach dem Motto: Andere Länder, andere Sitten, kannst du dich hier informieren, welche Gesten als höflich und welche eher als beleidigend erachtet werden.

Hier alle aufzuführen, würde sicher den Rahmen sprengen, doch können einige Beispiele anschaulich verdeutlichen, wie unterschiedlich ein und die gleiche Geste tatsächlich gewertet werden kann. Dabei kann auch beachtet werden, dass Menschen aus den romanischen Ländern wie Italien oder Frankreich eine stärkere Gestik an den Tag legen. Das Gleiche gilt auch für ihre Mimik. Wenn sie lauter sprechen, liegt das in der Regel ganz einfach an ihrer Mentalität. Menschen aus diesen Ländern scheinen sogar emotionaler und lauter, wenn sie sachliche Themen vortragen. Die Vorstellung der akzeptablen Nähe zwischen zwei sich unbekannten Menschen ist ebenfalls von Kultur zu Kultur unterschiedlich.

Egal ob im Beruf oder im Privatbereich, diese unterschiedlichen Bedürfnisse können zu Verwirrungen führen, wenn den Beteiligten die landestypische Etikette seines Gegenübers nicht bekannt ist. Die Geste mit dem erhobenen Daumen zum Beispiel bedeutet bei uns etwas Positives und kann als Zeichen der Zustimmung gedeutet werden. Das Victory Zeichen steht zudem für Frieden. Im mittleren Osten hingegen und in manchen Gebieten Australiens und Afrikas gelten diese Gesten allerdings als Beleidigung. So kannst du nicht nur in ein unangenehmes Fettnäpfchen treten, sondern unter Umständen ernste Schwierigkeiten bekommen, und das, obwohl du wahrscheinlich gar nicht weißt, was du überhaupt gemacht hast.

Nicht umsonst heißt es ja, andere Länder, andere Sitten. Es empfiehlt sich also vor einer Reise, unbedingt in den Reiseführer zu schauen und sich über die dort praktizierte Etikette zu informieren.

Andersherum kann es natürlich auch sein, dass jemand, der die deutschen Verhaltensregeln nicht kennt, dir unseriös erscheint. Vielleicht einfach nur, weil er nicht so viel Körperabstand wahrt wie wir es gewohnt sind. Es kann nicht schaden, in so einem Fall auf Diplomatie zu setzen, anstatt in die Verlegenheit zu kommen, sein Gegenüber zu beleidigen.

Körpersprache im Schlaf

Nicht nur im Wachzustand verrät uns die Körpersprache eine Menge über den jeweiligen Gefühlszustand der Person. Auch wenn wir schlafen, tun wir dies auf unsere eigene individuelle Art und Weise. Kennst du deine bevorzugte Schlafstellung? Oder wechselst du sie vielleicht in der Nacht einige Male?

Schlafexperten sind sich sicher, dass die Schlafpositionen in gewisser Hinsicht mehr aussagen, als wir uns zunächst vorstellen können.

Zahllose Studien haben sich dabei mit diesem Phänomen beschäftigt und signifikante Ergebnisse sind dabei herausbekommen, welche die betreffenden Personen später bejahen konnten. Selbst wer im ersten Moment von sich denkt, er sei besonders unabhängig von seinem Partner und suche keinen Schutz, kann anhand seiner Schlafposition feststellen, ob das wirklich so ist oder ob wir uns ein Bild von unserer Persönlichkeit machen, wie wir sie gerne hätten.

Natürlich gibt es hier, wie immer im Leben, auch Ausnahmen, doch in der Regel gibt es einige Muster der Schlafpositionen, welche recht aussagekräftig sind. Auch im Schlaf bilden Körper und Geist eine Einheit und in der Nacht ist es vielleicht noch auffälliger, weil der Verstand dann weitgehend ausgeschaltet ist, so dass die natürlichen Urinstinkte zum Vorschein kommen.

Wer zum Beispiel auf der Seite liegt, befindet sich in der sogenannten Fötus-Stellung. Fast 60 Prozent der Menschen bevorzugen diese Schlafposition. Die Beine sind dabei hochgezogen und angewinkelt. Wie weit die Beine hochgezogen sind, ist dabei durchaus unterschiedlich.

Wer die Beine leicht angezogen hat, soll einen gesunden Menschenverstand besitzen. Dieser Mensch ist ausgeglichen und verfügt über ein gutes Maß Fairness und Gerechtigkeitsempfinden.
Wer die Knie hingegen besonders weit nach oben zieht, ist vor allem kreativ und emotional veranlagt. Wenn du auf der Seite schläfst, kann es also sein, dass du versuchst, die eigene Mitte zu finden. Hier findest du Sicherheit, Schutz und Geborgenheit.

Neben der fötalen Lage gibt es auch die halbfötale Lage. Im Grunde ähneln sich diese beiden Schlafpositionen sehr. Wer in der halbfötalen Position schläft, hat allerdings Beine und Kopf nur leicht angewinkelt. Diese Position steht dafür, dass du dein Gleichgewicht gefunden und dir bereits einen effektiven Selbstschutz aufgebaut hast.

Vielleicht schläfst du auch auf dem Bauch. Das tun etwa 13 Prozent der Menschen und liegen dabei ausgestreckt auf dem Bett. Je nach Vorliebe sind die Arme und Beine hier angewinkelt oder gestreckt, doch kommt diese Schlafposition nicht so oft vor. Wer in dieser Position schläft, mag es, wenn die Dinge des Lebens geregelt sind. Alles sollte möglichst perfekt laufen. Ordnung ist ein Muss und kann auch in Utopie ausarten. Bauchschläfer gelten zudem als Persönlichkeiten, die eigen sind und ihren Weg unabhängig gehen.

Hat sich eine bestimmte Schlafposition erst mal entwickelt, bleibt sie in der Regel bestehen, sind sich Schlaf-Forscher sicher. Nur wenige Menschen sagen aus, dass sie ihre Position in der Nacht wechseln oder generell wechseln.

Demnach sei die jeweilige Schlafposition fest verankert. Wissenschaftler vermuten, dass liegt daran, dass die Körpersprache auch im Schlaf viel mit dem eigenen Naturell zu tun hat und auch dieses ändert sich eher selten und vor allem nicht von heute auf morgen.

Bezüglich der verschiedenen Schlafpositionen wird unterschieden, ob wir alleine schlafen oder sich der Partner mit im Bett befindet. Die Positionen können dann schließlich eine Menge darüber aussagen, wie wir wirklich zu unserem Partner stehen. In diversen Studien wurden die jeweiligen Positionen untersucht und hinterher ausgewertet. Auch hier stimmten die Ergebnisse oft mit den Aussagen der Partner überein. Die sogenannte Löffelchen-Stellung deutet auf eine enge Zusammengehörigkeit und stellt sich so dar, dass die Partner hintereinander eng angeschmiegt liegen. So ein Paar ist sehr verliebt und vertraut sich gegenseitig.

Dann gibt es jene Haltung im Schlaf, da berühren sich die Partner nicht und kehren sich gegenseitig den Rücken zu. Das kann darauf deuten, dass jeder der Partner stark in seinem eigenen Leben eingespannt ist. Es kann auch ein Zeichen sein, dass es hier Probleme in der Beziehung gibt, denn ansonsten fühlen sich diese beiden Menschen ja zueinander hingezogen, haben aber unter Umständen derzeit ein

Problem mit Intimität. Es gibt noch eine Schlafposition, da kehren sich die Partner ebenfalls die Rücken zu, doch liegen sie dabei Po an Po. Hier geht es meist um Paare, die schon länger zusammen sind, ihren Freiraum lieben und sich aber immer noch stark zueinander hingezogen fühlen. Intimität und Unabhängigkeit werden in dieser Schlafposition vereint.

Abschließend gibt es noch die sogenannte Schutzengel-Haltung. Hier sind die beiden Partner eng aneinander geschmiegt und ihre Gesichter sind zueinander geneigt. Hier zeigt sich deutlich die Zusammengehörigkeit, die Partner brauchen sich und haben auch kein Problem, das dem anderen zu zeigen.

Gesten und Mimik trainieren

Einige Gesten und Mimik-Muster sind jedem Menschen antrainiert worden und das seit frühster Kindheit. Viele Wissenschaftler sind sich aber auch einig, dass manche dieser optischen Verhaltensmuster genetisch bedingt sind. Es scheint also eine Mixtur dessen zu sein, wie deine Eltern und dein gesamtes Umfeld geschaut und sich bewegt haben und auch, welche Gene in dir verankert sind.

Vielleicht gibt es dabei einzelne Merkmale, welche dir besonders gut an dir gefallen, aber vielleicht auch jene, die du gerne ändern würdest. Hier gibt es eine gute Nachricht, denn mittels verschiedener Techniken wie zum Beispiel NLP kannst du nicht nur Gedankenmuster und eingefahrene Strukturen verändern, sondern auch Aspekte deiner Körpersprache und der Mimik. Das gilt auch, wenn manche Aspekte genetisch bedingt sind, denn laut dem Wissenschaftler Bruce Lipton sind wir nicht die „Opfer" unserer Gene, egal in welcher Hinsicht.

Natürlich stehen dir noch viele andere Möglichkeiten zur Verfügung, wenn du bewusst an deiner Körpersprache feilen möchtest. Manchmal reicht auch ein einfaches Bewerbungstraining mit Coach und Kamera. Es kommt dabei sicher ebenso darauf an, wie intensiv du dich mit diesem Thema befassen möchtest. Du kannst dich am besten darauf einstellen, dass die Umgewöhnung eine gewisse Zeit in Anspruch nimmt. Immerhin geht es darum, fest eingefahrene Muster zu durchbrechen und durch neue zu ersetzen. In machen Fachkreisen heißt es auch, die alten Programme quasi zu überschreiben. Nimm dir Zeit dafür. Es ist besonders effektiv, wenn du Spaß dabei hast. Dann assoziieren dein Geist und dein Körper nämlich etwas Angenehmes damit und angenehme Veränderungen prägen sich wesentlich schneller ein als jene, welche nur aus

Pflichtbewusstsein absolviert werden. Wenn du magst, kannst du auch selber mal mit einer Kamera verschiedene Fotos von dir aufnehmen oder Videos von dir drehen. Gesprächspartner können dabei fiktiv sein. Wichtig ist nur, dass sich von Video zu Video deine Körperhaltung verbessert bzw. deine Körpersprache in die Richtung entwickelt, wie du es dir wünschst. Du kannst das Ganze noch intensivieren, indem du jeweils andere Outfits und Styles ausprobierst und anschließend einen Freund oder eine Freundin fragst, welches Video besser ankommt.

Im Grunde kannst du dich nur verbessern, denn wer die wichtigsten Grundregeln beherrscht, hat schon die halbe Miete gewonnen. Diese Grundregeln umfassen dabei eine gerade Körperhaltung, eine ruhige Hand- und Fingerposition, sowie ein offener und aufmerksamer Blick in die Augen des Gesprächspartners. Damit daraus kein Starren wird, kannst du natürlich ab

und zu für kurze Zeit den Blick senken.
Der Rest wird eher von subtilen
Feinheiten bestimmt, welche dennoch
überaus interessant sein dürften.

Fazit

Die Körpersprache gilt als universelle
Sprache. Das bedeutet, gewisse Gesten,
Gesichtsausdrücke und Körperhaltungen
verraten uns eine Menge. Egal, ob es
nun um berufliche oder private Belange
geht. Die Körpersprache sagt in
gewisser Hinsicht mehr aus als Worte.
Das liegt sicher auch zum Teil daran,
dass sich viele Menschen der eigenen
Körpersprache gar nicht bewusst sind.
Im Gegenzug ist es auch nicht immer
ganz einfach, die Körpersprache der
anderen Menschen zu deuten, denn es
ist wichtig, diese in den Kontext zu
stellen. Zudem gibt es berufliche
Branchen und Menschen in der
Führungsebene, welche ganz bewusst
ihre Körpersprache einsetzen, um ein
bestimmtes Ziel bei ihrem Gegenüber zu
erreichen. Wer eine solche Maske hat,
kann mitunter nur schwer durchschaut
werden, wobei es aber oft auch die
kleinen Gesten sind, welche viel

Aufschluss über die Charaktermerkmale eines Menschen geben. Wer sich nämlich selber in bewusster Körpersprache übt, wird feststellen, dass es ein enormes Maß an Übung braucht, sich auf seine Augen, Augenbrauen, Mundwinkel, Hände, Finger, Beinstellung und Körperhaltung auf einmal zu konzentrieren. Hinzu kommen Stimme und Wortwahl.

In der Regel bedarf es schon einer gewissen Herausforderung, sich nur auf ein oder zwei Aspekte zu konzentrieren. Wer anfangen möchte, seine eigene Körpersprache bewusst auszudrücken und die der anderen besser zu verstehen, kann dabei mit den Händen beginnen. Hände sagen einiges aus, sie verraten Nervosität und Unsicherheit, wenn die Finger nur schwer stillhalten können. Die Personen kratzen sich dann unbewusst an der Nase, streichen imaginäre Flusen weg oder fahren sich über das Kinn. Solche Gesten können auch Ausdruck von Konzentration sein, es kommt dann noch darauf an, wie es um den Rest der Körperhaltung steht. Dann können Interessenten sich daran machen, speziell auf die Beine zu achten.

Gekreuzte Beine stehen prinzipiell für Zurückhaltung oder Etikette. Wer seinem Gegenüber die Schuhspitzen entgegenstreckt, wirkt offen und interessiert. In diesem Zusammenhang sind die Augen aber noch ein Stück weit aussagekräftiger. Sie signalisieren Interesse, wenn sie dem Gegenüber direkt in die Augen schauen. Auf den Boden schauen kommt eher nicht so gut an, das Gleiche gilt für den Blick auf die Uhr oder wenn du den Blick durch den Raum streifen lässt. Es scheint dann, als sei alles andere interessanter als der Gesprächspartner. Auch wenn es nicht so ist, den Anschein hat es dennoch. Wer die Augen zusammenkneift, zeigt damit in der Regel Skepsis oder Unverständnis.

Wenn dies wirklich so ist, kommt es beim Gegenüber besser an, wenn dann auch eine entsprechende Frage gestellt wird. Dann weiß das Gegenüber, worum es geht und das Gespräch gerät nicht ins Stocken.

Ideal ist eben immer, wenn Worte und Körpersprache miteinander harmonieren und sich gegenseitig ergänzen. Du kannst dir sicher vorstellen, wie komisch es anmuten mag, wenn dich jemand mit verengten Augen skeptisch ansieht und sagt: Ja, ich verstehe dich. Unwillkürlich denkst du, dass derjenige aber gar nicht danach aussieht. Im Vorstellungsgespräch kann sowas tatsächlich dazu beitragen, dass eine Stelle anderweitig vergeben wird, denn unterbewusst oder bewusst denkt sich der Personal Chef vielleicht, dass hier eine einwandfreie ehrliche Kommunikation nicht möglich ist. Das könnte unter anderem die Produktivität einschränken und das menschliche Miteinander ist natürlich auch nicht zu unterschätzen.

In der Liebe ist es ähnlich.
Nun gibt es jene, die behaupten,
Gegensätze ziehen sich an, doch haben
Experten herausgefunden, dass es eben
auch so ist, dass Gleich und Gleich sich
gern gesellt. Glücklicherweise gibt es
noch keine Formel dafür, warum sich ein
Mensch ausgerechnet zu einem anderen
Menschen hingezogen fühlt, sonst wäre
es vorbei mit der Magie. Dennoch
scheint es aber enorm wichtig, dass sich
zwei Menschen gut verstehen. Und das
nicht nur bezüglich der verbalen
Sprache, sondern eben auch in Bezug
auf die Körpersprache. Auch hier laufen
die Prozesse meist wieder unbewusst
ab, doch sie wirken.
Im Grunde gelten hier fast die gleichen
Regeln wie bei einem beruflichen
Gespräch, das heißt, ein gewisser
Blickkontakt sollte schon gegeben sein
und auch hier kann es negativ
rüberkommen, wenn ständig auf die Uhr
oder auf andere Menschen im Café

geschaut wird. Das kann das Gegenüber stark verunsichern, so dass derjenige sich zurückzieht und ein echter Kontakt nicht zustande kommt.

Diese Art der Körpersprache kommt insgesamt eher negativ rüber, auch wenn dies nicht so beabsichtigt ist. Die Augen sagen auch hier eine Menge aus! Sind sie zu Schlitzen verengt? Oder weit geöffnet vor Neugier und Interesse? Oder wird eine Augenbraue hochgezogen, weil damit Skepsis bekundet wird? Am besten ist es, das Gesamtbild des Gegenübers zu betrachten und dann entsprechend einzuschätzen. Am besten kannst du dir dabei bewusst werden, dass diese Analyse eher tagesformbedingt ist, denn es kommt nicht selten vor, dass ein Mensch sich im Nachhinein anders erweist als anfangs angenommen. Doch es kann auch vorkommen, dass sich das Blatt dann noch einmal dreht und wir dann sagen, dass wir es ja von Anfang an geahnt hätten.

Wir Menschen sind einfach enorm komplex und in der Regel hilft es viel, wenn wir auf unser Bauchgefühl hören. Vielleicht kennst du das auch, dass sich der letztendliche Sinn oder eine Bestätigung erst im Nachhinein erschließt.

In diesem Ratgeber ging es zudem um die Wechselwirkung zwischen Körperhaltung, Körpersprache und Gedanken. Du konntest in Erfahrung bringen, dass nicht nur deine Gedanken deine Körpersprache und Haltung beeinflussen, sondern auch umgekehrt. Diese Erkenntnis ist dir vielleicht neu, dass deine Körperhaltung deine Stimmung und deine Gefühle beeinflussen kann. Doch denke einfach mal daran, wie deine Stimmung sich verändert, wenn du zum Beispiel in die Hände klatschst und die Ärmel hochkrempelst. Es ist, als animierst du dich dann selber, aktiv und produktiv zu werden - und das klappt dann tatsächlich.

Das Gleiche gilt auch, wenn du erst gut drauf bist, aber deine Schultern und den Kopf längere Zeit hängen lässt. Diese Körperhaltung wird früher oder später definitiv auf dein Gemüt schlagen. Wer weiß, dass Gedanken, Stimmung und Körperhaltung bzw. Körpersprache sich gegenseitig beeinflussen, wird in Zukunft sicher bewusster auf seine Gedanken und Haltung achten.

Manchmal tut es auch einfach gut, gar nicht so viel darüber nachzudenken, was andere von uns halten. Was wir selber von uns halten, sollte mindestens genauso wichtig sein. Daher kannst du dir selber einen Liebesbeweis schenken und regelmäßig meditieren. Wie bereits erwähnt, reichen etwa 15 Minuten, vor allem für den Anfang. Dabei kannst du dich selber mit einer positiven Körpersprache beeindrucken, den Rücken gerade halten und im Schneidersitz mit gekreuzten Beinen sitzen. Bereits nach einigen Tagen kommen Inspiration und Motivation in dein Leben zurück oder verstärken sich sogar noch. Der Grund ist, dass sich deine Energien während dieser Meditation verändern und jede Veränderung bereichert deine Kreativität und deine Lebensqualität.

Neues zu erleben, kann sich ebenfalls günstig auf die Körpersprache und Haltung auswirken. Scheue dich dabei auch nicht davor, öfter mal bewusst etwas alleine zu unternehmen, denn wie das Wort allein bereits verrät, kannst du gerade in diesem Zustand mit allem eins sein. Wenn du magst, kannst du natürlich auch Gruppenmeditationen besuchen und hier einiges lernen bezüglich Energiefluss, Köperhaltung und Ausgeglichenheit. Diese Kenntnisse können dann zuhause bei Bedarf immer noch alleine angewendet werden.

Kurz wurde zudem auch angeschnitten, dass manche Gesten unterschiedliche Bedeutungen haben, je nachdem, in welchem Land du dich gerade befindest oder aus welcher Kultur dein Gegenüber kommt. Hier gilt es stets, ein gewisses Fingerspitzengefühl an den Tag zu legen, damit sich keiner der Beteiligten auf den Schlips getreten fühlt. In einer Welt der zunehmenden Globalisierung ist es besonders wichtig, diesbezüglich gegenseitig Rücksicht zu nehmen und Achtung und Respekt zu zeigen.

Zum Abschluss wurden noch die unterschiedlichen Körperhaltungen im Schlaf thematisiert. Sich damit zu befassen, kann sehr interessant sein und gibt Aufschluss über unser ureigenes Naturell. Unter dem Strich kannst du enorm davon profitieren, dich mit dem Thema Körpersprache auseinanderzusetzen, denn zum einen kannst du selber etwas über einen anderen Menschen in Erfahrung bringen, unabhängig von dem, was dieser sagt und zum anderen ist es möglich, effektiv an seiner eigenen Haltung zu arbeiten, so dass wir unsere Körpersprache gezielt positiv einsetzen können, wenn es um den Beruf geht, oder darum, einen guten Eindruck bei seinem Gegenüber zu hinterlassen.

Bedenke dabei auch, dass es bei der Körpersprache ebenso um Mimik geht und im weitesten Sinne um Kleidung, Frisur und Accessoires, denn diese Utensilien umgeben unseren Körper und sprechen ebenfalls eine eigene Sprache.

Du solltest Spaß am Experimentieren haben, und nicht zum Optimum neigen, denn es kann immer auch sein, dass wir etwas bei unserem Gegenüber fehldeuten und umgekehrt. Letztendlich sind wir immer noch Menschen und keine Computer, welche einer hundertprozentigen Systemanalyse unterzogen werden können. Das ist auch gut so, denn so bleibt immer auch noch genug Platz für Magie und Unvorhersehbares im Leben.

Haftungsausschluss

Impressum

© Autor Stella Glückskind
2019 1. Auflage
Kontakt: Karin Schartner, Zaglausiedlung 24, 5600 St.
Johann im Pongau
Covergestaltung & Coverfoto: fiverr.com